화엄경 제38권(십지품 제26-5) 해설

화엄경 제38권도 먼저 게송이 이어진다.

"是時天王及天衆 ~ 第八地中諸行相" (pp.1~7)

그때 금강장보살이 해탈월보살에게

"7지중에서 여러 가지 방편과 지혜·신·청정도를 익히고 조도를 모아 큰원력을 세워야 한다." (pp.8~10)

하고 열 가지 방편과 無生·無起·無相·無成의 무생법인을 설하고 거기서 더욱 깊히 들어가 보살도를 닦아야 한다고 비유를 들어 말했다.(pp.11~12)

그리고 보살의 본원력에 의해 여래의 18불공법과 10바라밀에 대하여 익혀야 한다 하고 다음과 같이 노래 불렀다.

"七地修治方便慧 ~ 願說九地所行道" (pp.53~73)

그리고 금강장보살이 다시 해탈월보살에게 말하기를

"한량없는 지혜와 해탈, 비밀, 신통을 배워야 제9 선혜지에 들어갈 수 있다."

하고 여러 가지 지혜와 해탈 비밀에 대하여 설한 뒤 다음과 같이 게송하였다.

"無量智力善觀察 ~ 我爲佛子已宣說" (pp.114~127)

十地品 第二十六之五
십지품 제이십육지오

是時天王及天衆
시시천왕급천중

聞此勝行皆歡喜
문차승행개환희

爲欲供養於如來
위욕공양어여래

及以無央大菩薩
급이무앙대보살

雨妙華幡及幢蓋
우묘화번급당개

香鬘瓔珞與寶衣
향만영락여보의

無量無邊千萬種
무량무변천만종

悉以摩尼作嚴飾
실이마니작엄식

天女同時奏天樂
천녀동시주천악

普發種種妙音聲
보발종종묘음성

供養於佛幷佛子
공양어불병불자

共作是言而讚歎
공작시언이찬탄

一切見者兩足尊
일체견자량족존

哀愍衆生現神力
애민중생현신력

令此種種諸天樂
영차종종제천악

普發妙音咸得聞
보발묘음함득문

於一毛端百千億
어일모단백천억

那由他國微塵數
나유타국미진수

如是無量諸如來
여시무량제여래

於中安住說妙法
어중안주설묘법

사경의 공덕은 십만억 부처님께 공양한 것과 같은 공덕이 있습니다.

一毛孔內無量刹 (일모공내무량찰)
各有四洲及大海 (각유사주급대해)
須彌鐵圍亦復然 (수미철위역부연)
悉見在中無迫隘 (실견재중무박애)
一毛端處有六趣 (일모단처유륙취)
三種惡道及人天 (삼종악도급인천)
諸龍神衆阿修羅 (제룡신중아수라)

各隨自業受果報 (각수자업수과보)

於彼一切剎土中 (어피일체찰토중)

悉有如來演妙音 (실유여래연묘음)

隨順一切衆生心 (수순일체중생심)

爲轉最上淨法輪 (위전최상정법륜)

剎中種種衆生身 (찰중종종중생신)

身中復有種種剎 (신중부유종종찰)

人天諸趣各各異
인천제취각각이

佛悉知已爲說法
불실지이위설법

大刹隨念變爲小
대찰수념변위소

小刹隨念變爲大
소찰수념변위대

如是神通無有量
여시신통무유량

世間共說不能盡
세간공설불능진

普發此等妙音聲
보발차등묘음성

稱讚如來功德已
칭찬여래공덕이

衆會歡喜默然住
중회환희묵연주

一心瞻仰欲聽說
일심첨앙욕청설

時解脫月復請言
시해탈월부청언

今此衆會皆寂靜
금차중회개적정

願說隨次之所入
원설수차지소입

第八地中諸行相
제팔지중제행상

共 공	所 소	力 력	淸 청	於 어	月 월	
佛 불	持 지	所 소	淨 정	七 칠	菩 보	爾 이
法 법	常 상	攝 섭	諸 제	地 지	薩 살	時 시
善 선	念 념	如 여	道 도	中 중	言 언	金 금
淸 청	如 여	來 래	善 선	善 선	佛 불	剛 강
淨 정	來 래	力 력	集 집	修 수	子 자	藏 장
深 심	力 력	所 소	助 조	習 습	菩 보	菩 보
心 심	無 무	加 가	道 도	方 방	薩 살	薩 살
思 사	所 소	自 자	法 법	便 편	摩 마	告 고
覺 각	畏 외	善 선	大 대	慧 혜	訶 하	解 해
能 능	不 불	力 력	願 원	善 선	薩 살	脫 탈

成就福德智慧大慈大悲不
성취복덕지혜대자대비불

捨衆生入無量智道
사중생입무량지도

入一切法本來無生無起
입일체법본래무생무기

無相無成無壞無盡無轉無
무상무성무괴무진무전무

性爲性初中後際皆悉平等
성위성초중후제개실평등

無分別如如智之所入處離
무분별여여지지소입처리

一切心意識分別想無所取
일체심의식분별상무소취

著猶如虛空入一切法如虛
착유여허공입일체법여허

空性是名得無生法忍
공성시명득무생법인

佛子菩薩成就此忍卽時
불자보살성취차인즉시

得入第八不動地爲深行菩
득입제팔부동지위심행보

薩難可知無差別離一切相
살난가지무차별리일체상

一切想一切無著無量無邊
일체상일체무착무량무변

一切聲聞辟支佛所不能及
일체성문벽지불소불능급

身 신	捨 사	訶 하	想 상	乃 내	丘 구	離 리
口 구	一 일	薩 살	分 분	至 지	具 구	諸 제
意 의	切 체	亦 역	別 별	入 입	足 족	諠 훤
業 업	功 공	復 부	悉 실	滅 멸	神 신	諍 쟁
念 념	用 용	如 여	皆 개	盡 진	通 통	寂 적
務 무	行 행	是 시	止 지	定 정	得 득	滅 멸
皆 개	得 득	住 주	息 식	一 일	心 심	現 현
息 식	無 무	不 부	此 차	切 체	自 자	前 전
住 주	功 공	動 동	菩 보	動 동	在 재	譬 비
於 어	用 용	地 지	薩 살	心 심	次 차	如 여
報 보	法 법	即 즉	摩 마	憶 억	第 제	比 비

行 (행)

譬如有人夢中見身墮在
비여유인몽중견신타재

大河爲欲度故發大勇猛施
대하위욕도고발대용맹시

大方便以大勇猛施方便故
대방편이대용맹시방편고

卽便覺寤旣覺寤已所作皆
즉변각오기각오이소작개

息菩薩亦爾見衆生身在四
식보살역이견중생신재사

流中爲救度故發大勇猛起
류중위구도고발대용맹기

사경의 공덕은 십만억 부처님께 공양한 것과 같은 공덕이 있습니다.

大精進以勇猛精進故至此
대정진이용맹정진고지차

不動地既至此已一切功用
부동지기지차이일체공용

靡不皆息二行相行悉不現
미불개식이행상행실불현

前
전

佛子如生梵世欲界煩惱
불자여생범세욕계번뇌

皆不現前住不動地亦復如
개불현전주부동지역부여

是一切心意識行皆不現前
시일체심의식행개불현전

此菩薩摩訶薩菩薩心佛心
차보살마하살보살심불심

菩提心涅槃心尚不現起況
보리심열반심상불현기황

復起於世間之心
부기어세간지심

佛子此地菩薩本願力故
불자차지보살본원력고

諸佛世尊親現其前與如來
제불세존친현기전여여래

智令其得入法流門中作如
지령기득입법류문중작여

是言善哉善哉善男子此忍
시언선재선재선남자차인

第(제) 一(일) 順(순) 諸(제) 佛(불) 法(법) 然(연) 善(선) 男(남) 子(자) 我(아)
等(등) 所(소) 有(유) 十(십) 力(력) 無(무) 畏(외) 十(십) 八(팔) 不(불) 共(공)
諸(제) 佛(불) 之(지) 法(법) 汝(여) 今(금) 未(미) 得(득) 汝(여) 應(응) 爲(위)
欲(욕) 成(성) 就(취) 此(차) 法(법) 勤(근) 加(가) 精(정) 進(진) 勿(물) 復(부)
放(방) 捨(사) 於(어) 此(차) 忍(인) 門(문)
又(우) 善(선) 男(남) 子(자) 汝(여) 雖(수) 得(득) 是(시) 寂(적) 滅(멸)
解(해) 脫(탈) 然(연) 諸(제) 凡(범) 夫(부) 未(미) 能(능) 證(증) 得(득) 種(종)

種煩惱皆悉現前種種覺觀
종번뇌개실현전종종각관

常相侵害汝當愍念如是衆
상상침해여당민념여시중

生
생

又善男子汝當憶念本所
우선남자여당억념본소

誓願普大饒益一切衆生皆
서원보대요익일체중생개

令得入不可思議智慧之門
령득입불가사의지혜지문

又善男子此諸法法性若
우선남자차제법법성약

사경의 공덕은 십만억 부처님께 공양한 것과 같은 공덕이 있습니다.

佛(불)出(출)世(세)若(약)不(불)出(출)世(세)常(상)住(주)不(불)異(이)
諸(제)佛(불)不(불)以(이)得(득)此(차)法(법)故(고)名(명)爲(위)如(여)
來(래)一(일)切(체)二(이)乘(승)亦(역)能(능)得(득)此(차)無(무)分(분)
別(별)法(법)

又(우)善(선)男(남)子(자)汝(여)觀(관)我(아)等(등)身(신)相(상)
無(무)量(량)智(지)慧(혜)無(무)量(량)國(국)土(토)無(무)量(량)方(방)
便(편)無(무)量(량)光(광)明(명)無(무)量(량)清(청)淨(정)音(음)聲(성)

亦無有量汝今宜應成就此
역무유량여금의응성취차

事又善男子汝今適得此一
사우선남자여금적득차일

法明所謂一切法無生無分
법명소위일체법무생무분

別
별

善男子如來法明無量入
선남자여래법명무량입

無量作無量轉乃至百千億
무량작무량전내지백천억

那由他劫不可得知汝應修
나유타겁불가득지여응수

行成就此法又善男子汝觀
행성취차법우선남자여관

十方無量國土無量衆生無
시방무량국토무량중생무

量法種種差別悉應如實通
량법종종차별실응여실통

達其事
달기사

佛子諸佛世尊與此菩薩
불자제불세존여차보살

如是等無量起智門令其能
여시등무량기지문령기능

起無量無邊差別智業佛子
기무량무변차별지업불자

若(약)諸(제)佛(불)不(불)與(여)此(차)菩(보)薩(살)起(기)智(지)門(문)
者(자)彼(피)時(시)卽(즉)入(입)究(구)竟(경)涅(열)槃(반)棄(기)捨(사)
一(일)切(체)利(리)衆(중)生(생)業(업)以(이)諸(제)佛(불)與(여)如(여)
是(시)等(등)無(무)量(량)無(무)邊(변)起(기)智(지)門(문)故(고)於(어)
一(일)念(념)頃(경)所(소)生(생)智(지)業(업)從(종)初(초)發(발)心(심)
乃(내)至(지)七(칠)地(지)所(소)修(수)諸(제)行(행)百(백)分(분)不(불)
及(급)一(일)乃(내)至(지)百(백)千(천)億(억)那(나)由(유)他(타)分(분)

사경의 공덕은 십만억 부처님께 공양한 것과 같은 공덕이 있습니다.

亦(역) 不(불) 及(급) 一(일) 如(여) 是(시) 阿(아) 僧(승) 祇(지) 分(분) 歌(가)
羅(라) 分(분) 算(산) 數(수) 分(분) 譬(비) 喩(유) 分(분) 優(우) 波(바) 尼(니)
沙(사) 陀(타) 分(분) 亦(역) 不(불) 及(급) 一(일) 何(하) 以(이) 故(고) 佛(불)
子(자) 是(시) 菩(보) 薩(살) 先(선) 以(이) 一(일) 身(신) 起(기) 行(행) 今(금)
住(주) 此(차) 地(지) 得(득) 無(무) 量(량) 身(신) 無(무) 量(량) 音(음) 聲(성)
無(무) 量(량) 智(지) 慧(혜) 無(무) 量(량) 受(수) 生(생) 無(무) 量(량) 淨(정)
國(국) 教(교) 化(화) 無(무) 量(량) 衆(중) 生(생) 供(공) 養(양) 無(무) 量(량)

假 가	功 공	船 선	行 행	無 무	通 통	諸 제
人 인	力 력	欲 욕	以 이	量 량	有 유	佛 불
力 력	若 약	入 입	不 부	身 신	無 무	入 입
以 이	至 지	大 대	動 동	語 어	量 량	無 무
至 지	海 해	海 해	法 법	意 의	衆 중	量 량
大 대	已 이	未 미	故 고	業 업	會 회	法 법
海 해	但 단	至 지	佛 불	集 집	道 도	門 문
一 일	隨 수	於 어	子 자	一 일	場 량	具 구
日 일	風 풍	海 해	譬 비	切 체	差 차	無 무
所 소	去 거	多 다	如 여	菩 보	別 별	量 량
行 행	不 불	用 용	乘 승	薩 살	住 주	神 신

比(비) 於(어) 未(미) 至(지) 其(기) 未(미) 至(지) 時(시) 設(설) 經(경) 百(백)
歲(세) 亦(역) 不(불) 能(능) 及(급) 佛(불) 子(자) 菩(보) 薩(살) 摩(마) 訶(하)
薩(살) 亦(역) 復(부) 如(여) 是(시) 積(적) 集(집) 廣(광) 大(대) 善(선) 根(근)
資(자) 糧(량) 乘(승) 大(대) 乘(승) 船(선) 到(도) 菩(보) 薩(살) 行(행) 海(해)
於(어) 一(일) 念(념) 頃(경) 以(이) 無(무) 功(공) 用(용) 智(지) 入(입) 一(일)
切(체) 智(지) 智(지) 境(경) 界(계) 本(본) 有(유) 功(공) 用(용) 行(행) 經(경)
於(어) 無(무) 量(량) 百(백) 千(천) 億(억) 那(나) 由(유) 他(타) 劫(겁) 所(소)

사경의 공덕은 십만억 부처님께 공양한 것과 같은 공덕이 있습니다.

不能及 (불능급)

佛子菩薩住此第八地以 (불자보살주차제팔지이)

大方便善巧智所起無功用 (대방편선교지소기무공용)

覺慧觀一切智智所行境所 (각혜관일체지지소행경소)

謂觀世間成觀世間壞由此 (위관세간성관세간괴유차)

業集故成由此業盡故壞幾 (업집고성유차업진고괴기)

時成幾時壞幾時成住幾時 (시성기시괴기시성주기시)

사경의 공덕은 십만억 부처님께 공양한 것과 같은 공덕이 있습니다.

實 실	微 미	量 량	別 별	火 화	相 상	壞 괴
知 지	塵 진	差 차	相 상	風 풍	大 대	住 주
隨 수	聚 취	別 별	知 지	界 계	相 상	皆 개
何 하	及 급	相 상	微 미	小 소	無 무	如 여
世 세	微 미	隨 수	塵 진	相 상	量 량	實 실
界 계	塵 진	何 하	細 세	大 대	相 상	知 지
中 중	差 차	世 세	相 상	相 상	差 차	又 우
所 소	別 별	界 계	差 차	無 무	別 별	知 지
有 유	相 상	中 중	別 별	量 량	相 상	地 지
地 지	皆 개	所 소	相 상	相 상	知 지	界 계
水 수	如 여	有 유	無 무	差 차	水 수	小 소

火風界各若干微塵所有寶
화풍계각약간미진소유보

物若干微塵衆生身若干微
물약간미진중생신약간미

塵國土身若干微塵皆如實
진국토신약간미진개여실

知知衆生大身小身各若干
지지중생대신소신각약간

微塵成知地獄身畜生身餓
미진성지지옥신축생신아

鬼身阿修羅身天身人身各
귀신아수라신천신인신각

若干微塵成得如是知微塵
약간미진성득여시지미진

衆 중	起 기	三 삼	相 상	知 지	界 계	差 차
生 생	智 지	界 계	無 무	欲 욕	成 성	別 별
身 신	明 명	差 차	量 량	界 계	知 지	智 지
差 차	教 교	別 별	相 상	色 색	欲 욕	又 우
別 별	化 화	智 지	差 차	界 계	界 계	知 지
善 선	衆 중	佛 불	別 별	無 무	色 색	欲 욕
分 분	生 생	子 자	相 상	色 색	界 계	界 계
別 별	所 소	此 차	得 득	界 계	無 무	色 색
衆 중	謂 위	菩 보	如 여	小 소	色 색	界 계
生 생	善 선	薩 살	是 시	相 상	界 계	無 무
身 신	知 지	復 부	觀 관	大 대	壞 괴	色 색

隨 수	乃 내	生 생	信 신	一 일	爲 위	善 선
衆 중	至 지	如 여	解 해	三 삼	現 현	觀 관
生 생	不 불	是 시	差 차	千 천	身 신	察 찰
身 신	可 가	若 약	別 별	大 대	教 교	所 소
信 신	說 설	二 이	以 이	千 천	化 화	生 생
解 해	三 삼	若 약	智 지	世 세	成 성	處 처
差 차	千 천	三 삼	光 광	界 계	熟 숙	隨 수
別 별	大 대	乃 내	明 명	隨 수	此 차	其 기
普 보	千 천	至 지	普 보	衆 중	菩 보	所 소
於 어	世 세	百 백	現 현	生 생	薩 살	應 응
其 기	界 계	千 천	受 수	身 신	於 어	而 이

中示現受生此菩薩成就如
是智慧故於一佛刹其身不
動乃至不可說佛刹衆會中
悉現其身
佛子此菩薩隨諸衆生身
心信解種種差別於彼佛國
衆會之中而現其身所謂於

衆 중	化 화	天 천	衆 중	示 시	衆 중	沙 사
梵 범	樂 락	衆 중	居 거	刹 찰	中 중	門 문
衆 중	天 천	夜 야	士 사	利 리	示 시	衆 중
乃 내	衆 중	摩 마	衆 중	形 형	婆 바	中 중
至 지	他 타	天 천	四 사	如 여	羅 라	示 시
阿 아	化 화	衆 중	天 천	是 시	門 문	沙 사
迦 가	自 자	兜 도	王 왕	毘 비	形 형	門 문
尼 니	在 재	率 솔	衆 중	舍 사	刹 찰	形 형
吒 타	天 천	陀 타	三 삼	衆 중	利 리	婆 바
天 천	衆 중	天 천	十 십	首 수	衆 중	羅 라
衆 중	魔 마	衆 중	三 삼	陀 타	中 중	門 문

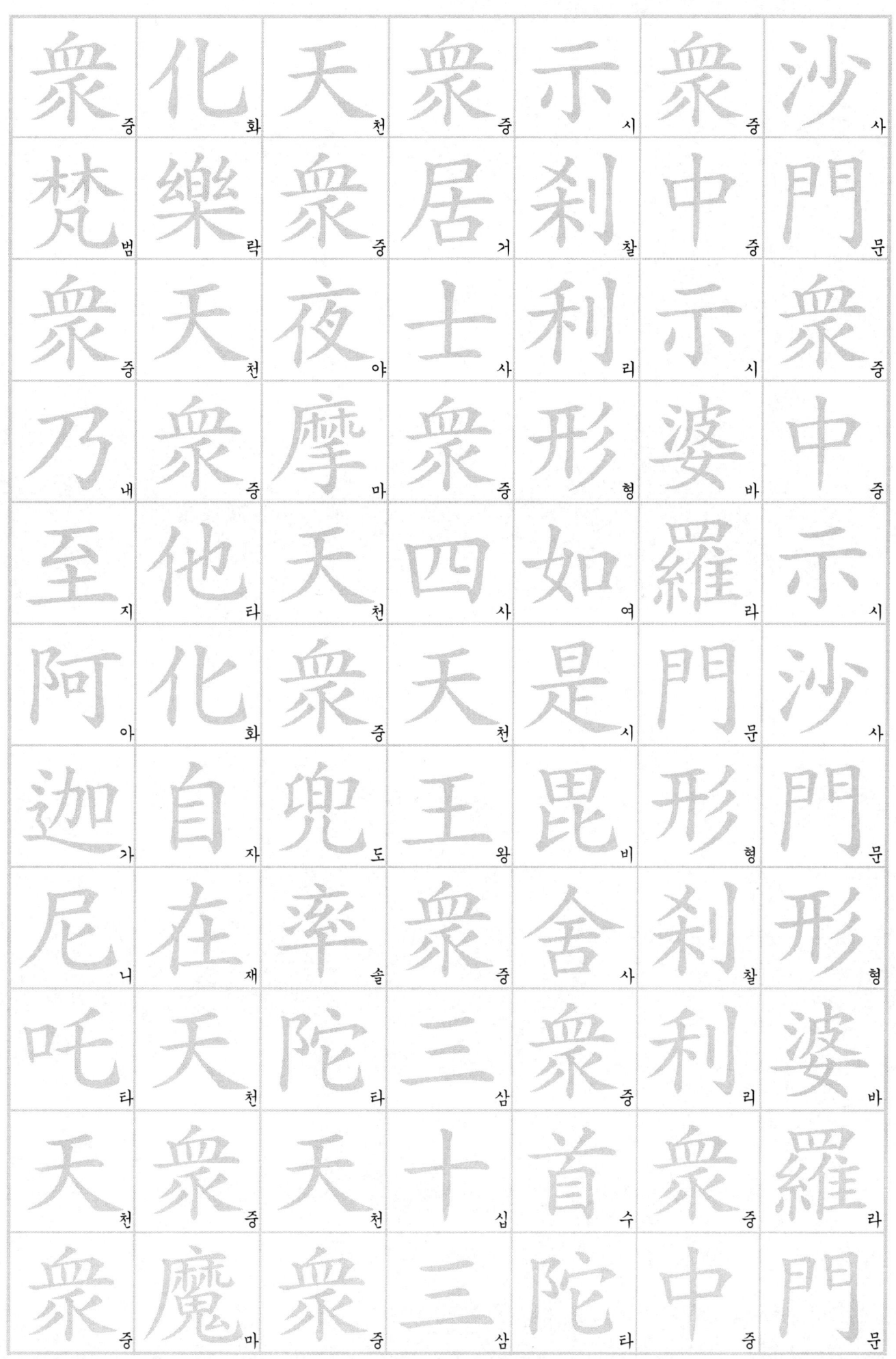

於 어	者 자	現 현	支 지	應 응	以 이	中 중
一 일	現 현	菩 보	佛 불	以 이	聲 성	各 각
切 체	如 여	薩 살	形 형	辟 벽	聞 문	隨 수
不 불	來 래	形 형	應 응	支 지	身 신	其 기
可 가	形 형	應 응	以 이	佛 불	得 득	類 류
說 설	佛 불	以 이	菩 보	身 신	度 도	而 이
佛 불	子 자	如 여	薩 살	得 득	者 자	爲 위
國 국	菩 보	來 래	身 신	度 도	現 현	現 현
土 토	薩 살	身 신	得 득	者 자	聲 성	形 형
中 중	如 여	得 득	度 도	現 현	聞 문	又 우
隨 수	是 시	度 도	者 자	辟 벽	形 형	應 응

諸(제)衆(중)生(생)信(신)樂(요)差(차)別(별)如(여)是(시)如(여)是(시)
而(이)爲(위)現(현)身(신)
佛(불)子(자)此(차)菩(보)薩(살)遠(원)離(리)一(일)切(체)身(신)
想(상)分(분)別(별)住(주)於(어)平(평)等(등)此(차)菩(보)薩(살)知(지)
衆(중)生(생)身(신)國(국)土(토)身(신)業(업)報(보)身(신)聲(성)聞(문)
身(신)獨(독)覺(각)身(신)菩(보)薩(살)身(신)如(여)來(래)身(신)智(지)
身(신)法(법)身(신)虛(허)空(공)身(신)

此(차)菩(보)薩(살)知(지)諸(제)衆(중)生(생)心(심)之(지)所(소)
樂(락)能(능)以(이)衆(중)生(생)身(신)作(작)自(자)身(신)亦(역)作(작)
國(국)土(토)身(신)業(업)報(보)身(신)乃(내)至(지)虛(허)空(공)身(신)
又(우)知(지)衆(중)生(생)心(심)之(지)所(소)樂(락)能(능)以(이)國(국)
土(토)身(신)作(작)自(자)身(신)亦(역)作(작)衆(중)生(생)身(신)業(업)
報(보)身(신)乃(내)至(지)虛(허)空(공)身(신)又(우)知(지)諸(제)衆(중)
生(생)心(심)之(지)所(소)樂(락)能(능)以(이)業(업)報(보)身(신)作(작)

自(자)身(신)亦(역)作(작)衆(중)生(생)身(신)國(국)土(토)身(신)乃(내)

至(지)虛(허)空(공)身(신)又(우)知(지)衆(중)生(생)心(심)之(지)所(소)

樂(락)能(능)以(이)自(자)身(신)作(작)衆(중)生(생)身(신)國(국)土(토)

身(신)乃(내)至(지)虛(허)空(공)身(신)隨(수)諸(제)衆(중)生(생)所(소)

樂(락)不(부)同(동)則(즉)於(어)此(차)身(신)現(현)如(여)是(시)形(형)

此(차)菩(보)薩(살)知(지)衆(중)生(생)集(집)業(업)身(신)報(보)

身(신)煩(번)惱(뇌)身(신)色(색)身(신)無(무)色(색)身(신)又(우)知(지)

身 신	身 신	身 신	身 신	普 보	相 상	國 국
相 상	有 유	菩 보	假 가	入 입	淨 정	土 토
好 호	菩 보	薩 살	名 명	相 상	相 상	身 신
莊 장	提 리	身 신	差 차	方 방	廣 광	小 소
嚴 엄	身 신	假 가	別 별	網 망	相 상	相 상
身 신	願 원	名 명	知 지	差 차	倒 도	大 대
威 위	身 신	差 차	聲 성	別 별	住 주	相 상
勢 세	化 화	別 별	聞 문	相 상	相 상	無 무
身 신	身 신	知 지	身 신	知 지	正 정	量 량
意 의	力 역	如 여	獨 독	業 업	住 주	相 상
生 생	持 지	來 래	覺 각	報 보	相 상	染 염

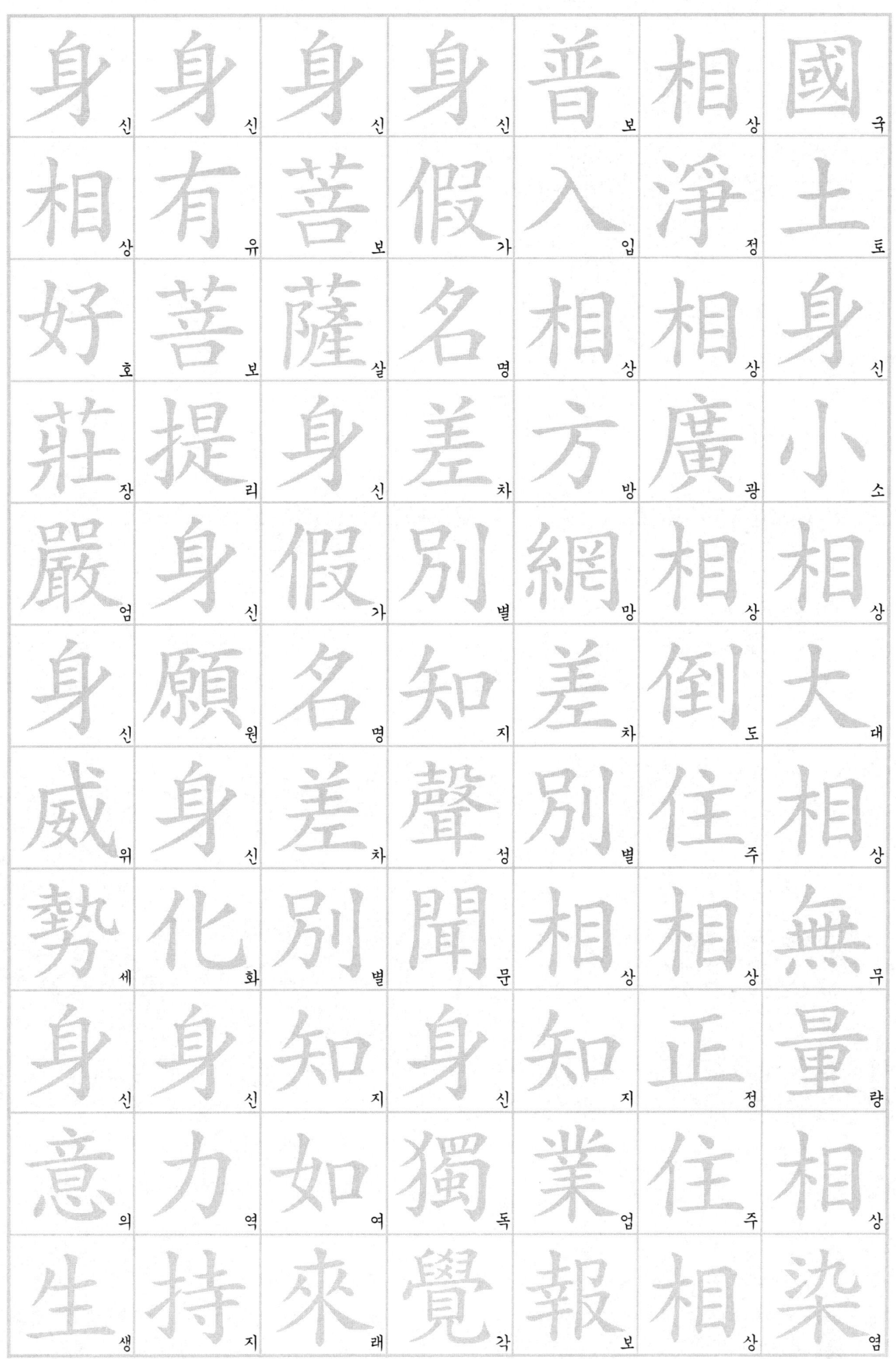

身(신)福(복)德(덕)身(신)法(법)身(신)智(지)身(신)知(지)智(지)身(신)
善(선)思(사)量(량)相(상)如(여)實(실)決(결)擇(택)相(상)果(과)行(행)
所(소)攝(섭)相(상)世(세)間(간)出(출)世(세)間(간)差(차)別(별)相(상)
三(삼)乘(승)差(차)別(별)相(상)共(공)相(상)不(불)共(공)相(상)出(출)
離(리)相(상)非(비)出(출)離(리)相(상)學(학)相(상)無(무)學(학)相(상)
知(지)法(법)身(신)平(평)等(등)相(상)不(불)壞(괴)相(상)隨(수)時(시)
隨(수)俗(속)假(가)名(명)差(차)別(별)相(상)衆(중)生(생)非(비)衆(중)

生法差別相佛法聖僧法差
別相知虛空身無量相周徧
相無形相無異相無邊相顯
現色身相
佛子菩薩成就如是身智
已得命自在心自在財自在
業自在生自在願自在解自在

業 업	身 신	如 여	能 능	智 지	得 득	在 재
身 신	業 업	是 시	壞 괴	者 자	此 차	如 여
語 어	無 무	成 성	智 지	無 무	十 십	意 의
意 의	過 과	就 취	者 자	量 량	自 자	自 자
業 업	失 실	已 이	此 차	智 지	在 재	在 재
隨 수	語 어	得 득	菩 보	者 자	故 고	智 지
智 지	業 업	畢 필	薩 살	廣 광	則 즉	自 자
慧 혜	無 무	竟 경	如 여	大 대	爲 위	在 재
行 행	過 과	無 무	是 시	智 지	不 불	法 법
般 반	失 실	過 과	入 입	者 자	思 사	自 자
若 야	意 의	失 실	已 이	無 무	議 의	在 재

사경의 공덕은 십만억 부처님께 공양한 것과 같은 공덕이 있습니다.

波羅蜜增上大悲爲首方便
바라밀증상대비위수방편

善巧善能分別善起大願佛
선교선능분별선기대원불

力所護常勤修習利衆生智
력소호상근수습리중생지

普住無邊差別世界
보주무변차별세계

佛子擧要言之菩薩住此
불자거요언지보살주차

不動地身語意業諸有所作
부동지신어의업제유소작

皆能積集一切佛法
개능적집일체불법

忘 망	世 세	故 고	善 선	善 선	深 심	
於 어	間 간	得 득	住 주	住 주	心 심	佛 불
法 법	故 고	善 선	大 대	勝 승	力 력	子 자
故 고	得 득	住 주	悲 비	心 심	一 일	菩 보
得 득	善 선	大 대	力 력	力 력	切 체	薩 살
善 선	住 주	慈 자	不 불	不 불	煩 번	住 주
住 주	陀 다	力 력	捨 사	離 리	惱 뇌	此 차
辯 변	羅 라	救 구	利 리	於 어	不 불	地 지
才 재	尼 니	護 호	益 익	道 도	行 행	得 득
力 력	力 력	一 일	衆 중	故 고	故 고	善 선
善 선	不 불	切 체	生 생	得 득	得 득	住 주

觀察分別一切法故得善住
관찰분별일체법고득선주

神通力普往無邊世界故得
신통력보왕무변세계고득

善住大願力不捨一切菩薩
선주대원력불사일체보살

所作故得善住波羅蜜力成
소작고득선주바라밀력성

就一切佛法故得如來護念
취일체불법고득여래호념

力一切種一切智智現前故
력일체종일체지지현전고

此菩薩得如是智力能現一
차보살득여시지력능현일

切諸所作事於諸事中無有
過咎
佛子此菩薩智地名爲不
動地無能沮壞故名爲不退
轉地智慧無退故名爲難得
地一切世間無能測故名爲
童眞地離一切過失故名爲

生地隨樂自在故名爲成地
更無所作故名爲究竟地智
慧決定故名爲變化地隨願
成就故名爲力持地他不能
動故名爲無功用地先已成
就故

佛子菩薩成就如是智慧

入佛境界佛功德照順佛威
입불경계불공덕조순불위

儀佛境現前常爲如來之所
의불경현전상위여래지소

護念梵釋四王金剛力士常
호념범석사왕금강력사상

隨侍衛恒不捨離諸大三昧
수시위항불사리제대삼매

能現無量諸身差別於一一
능현무량제신차별어일일

身有大勢力報得神通三昧
신유대세력보득신통삼매

自在隨有可化衆生之處示
자재수유가화중생지처시

界 계	魔 마	能 능	一 일	無 무	乘 승	成 성
於 어	邪 사	通 통	切 체	礙 애	會 회	正 정
無 무	之 지	達 달	諸 제	法 법	獲 획	覺 각
量 량	道 도	前 전	大 대	界 계	大 대	佛 불
國 국	深 심	際 제	功 공	知 지	神 신	子 자
土 토	入 입	後 후	德 덕	世 세	通 통	菩 보
修 수	如 여	際 제	隨 수	界 계	放 방	薩 살
菩 보	來 래	普 보	意 의	差 차	大 대	如 여
薩 살	所 소	伏 복	自 자	別 별	光 광	是 시
行 행	行 행	一 일	在 재	示 시	明 명	入 입
以 이	境 경	切 체	善 선	現 현	入 입	大 대

사경의 공덕은 십만억 부처님께 공양한 것과 같은 공덕이 있습니다.

能獲得不退轉法是故說名
능획득불퇴전법시고설명

住不動地
주부동지

佛子菩薩住此不動地已
불자보살주차부동지이

以三昧力常得現見無量諸
이삼매력상득현견무량제

佛恒不捨離承事供養此菩
불항불사리승사공양차보

薩於一一劫一一世界見無
살어일일겁일일세계견무

量百佛無量千佛乃至無量
량백불무량천불내지무량

사경의 공덕은 십만억 부처님께 공양한 것과 같은 공덕이 있습니다.

百千億那由他佛恭敬尊重
백천억나유타불공경존중

承事供養一切資生悉以奉
승사공양일체자생실이봉

施於諸佛所得於如來甚深
시어제불소득어여래심심

法藏受世界差別等無量法
법장수세계차별등무량법

明若有問世世界差別如是
명약유문세세계차별여시

等事無能屈者如是經於無
등사무능굴자여시경어무

量百劫無量千劫乃至無量
량백겁무량천겁내지무량

사경의 공덕은 십만억 부처님께 공양한 것과 같은 공덕이 있습니다.

百千億那由他劫所有善根
백천억나유타겁소유선근

轉增明淨譬如眞金治作寶
전증명정비여진금치작보

冠置閻浮提主聖王頂上一
관치염부제주성왕정상일

切臣民諸莊嚴具無與等者
체신민제장엄구무여등자

此地菩薩所有善根亦復如
차지보살소유선근역부여

是一切二乘乃至第七地菩
시일체이승내지제칠지보

薩所有善根無能及者以住
살소유선근무능급자이주

此地大智光明普滅衆生煩
차지대지광명보멸중생번

惱黑暗善能開闡智慧門故
뇌흑암선능개천지혜문고

佛子譬如千世界主大梵天
불자비여천세계주대범천

王能普運慈心普放光明滿
왕능보운자심보방광명만

千世界能地菩薩亦復如是
천세계능지보살역부여시

能放光明照百萬佛刹微塵
능방광명조백만불찰미진

數世界令諸衆生滅煩惱火
수세계령제중생멸번뇌화

而得清涼
이득청량

此菩薩十波羅蜜中願波
차보살십바라밀중원바

羅蜜上餘波羅蜜非不修
라밀상여바라밀비불수

行但隨力隨分是名略說諸
행단수력수분시명략설제

菩薩摩訶薩第八不動地若
보살마하살제팔부동지약

廣說者經無量劫不可窮盡
광설자경무량겁불가궁진

佛子菩薩摩訶薩住此地
불자보살마하살주차지

사경의 공덕은 십만억 부처님께 공양한 것과 같은 공덕이 있습니다.

多(다)作(작)大(대)梵(범)天(천)王(왕)主(주)千(천)世(세)界(계)最(최)
勝(승)自(자)在(재)善(선)說(설)諸(제)義(의)能(능)與(여)聲(성)聞(문)
辟(벽)支(지)佛(불)諸(제)菩(보)薩(살)波(바)羅(라)蜜(밀)道(도)若(약)
有(유)問(문)難(난)世(세)界(계)差(차)別(별)無(무)能(능)退(퇴)屈(굴)
布(보)施(시)愛(애)語(어)利(리)行(행)同(동)事(사)如(여)是(시)一(일)
切(체)諸(제)所(소)作(작)業(업)皆(개)不(불)離(리)念(념)佛(불)乃(내)
至(지)不(불)離(리)念(념)一(일)切(체)種(종)一(일)切(체)智(지)智(지)

復(부)作(작)是(시)念(념)我(아)當(당)於(어)一(일)切(체)衆(중)生(생)
中(중)爲(위)首(수)爲(위)勝(승)乃(내)至(지)爲(위)一(일)切(체)智(지)
智(지)依(의)止(지)者(자)
此(차)菩(보)薩(살)若(약)以(이)發(발)起(기)大(대)精(정)進(진)
力(력)於(어)一(일)念(념)頃(경)得(득)百(백)萬(만)三(삼)千(천)大(대)
千(천)世(세)界(계)微(미)塵(진)數(수)三(삼)昧(매)乃(내)至(지)示(시)
現(현)百(백)萬(만)三(삼)千(천)大(대)千(천)世(세)界(계)微(미)塵(진)

數(수)菩(보)薩(살)以(이)爲(위)眷(권)屬(속)若(약)以(이)菩(보)薩(살)

殊(수)勝(승)願(원)力(력)自(자)在(재)示(시)現(현)過(과)於(어)是(시)

數(수)乃(내)至(지)百(백)千(천)億(억)那(나)由(유)他(타)劫(겁)不(불)

能(능)數(수)知(지)

爾(이)時(시)金(금)剛(강)藏(장)菩(보)薩(살)欲(욕)重(중)宣(선)

其(기)義(의)而(이)說(설)頌(송)曰(왈)

七(칠)地(지)修(수)治(치)方(방)便(편)慧(혜)

善集助道大願力
선집조도대원력

復得人尊所攝持
부득인존소섭지

爲求勝智登八住
위구승지등팔주

功德成就恒慈愍
공덕성취항자민

智慧廣大等虛空
지혜광대등허공

聞法能生決定力
문법능생결정력

是則寂滅無生忍
시즉적멸무생인

知法無生無起相
지법무생무기상

無成無壞無盡轉
무성무괴무진전

離有平等絕分別
이유평등절분별

超諸心行如空住
초제심행여공주

成就是忍超戲論
성취시인초희론

甚深不動恒寂滅
심심부동항적멸

一切世間無能知
일체세간무능지

心相取著悉皆離 (심상취착실개리)
住於此地不分別 (주어차지불분별)
譬如比丘入滅定 (비여비구입멸정)
如夢度河覺則無 (여몽도하각즉무)
如生梵天絶下欲 (여생범천절하욕)
以本願力蒙勸導 (이본원력몽권도)
歎其忍勝與灌頂 (탄기인승여관정)

사경의 공덕은 십만억 부처님께 공양한 것과 같은 공덕이 있습니다.

語言我等衆佛法
어언아등중불법

汝今未獲當勤進
여금미획당근진

汝雖已滅煩惱火
여수이멸번뇌화

世間惑焰猶熾然
세간혹염유치연

當念本願度衆生
당념본원도중생

悉使修因趣解脫
실사수인취해탈

法性眞常離心念
법성진상리심념

二乘於此亦能得
이승어차역능득

不以此故爲世尊
불이차고위세존

但以甚深無礙智
단이심심무애지

如是人天所應供
여시인천소응공

與此智慧令觀察
여차지혜령관찰

無邊佛法悉得成
무변불법실득성

一念超過曩衆行
일념초과낭중행

菩薩住茲妙智地 보살주자묘지지
則獲廣大神通力 즉획광대신통력
一念分身徧十方 일념분신변시방
如船入海因風濟 여선입해인풍제
心無功用任智力 심무공용임지력
悉知國土成壞住 실지국토성괴주
諸界種種各殊異 제계종종각수이

小大無量皆能了 (소대무량개능료)

三千世界四大種 (삼천세계사대종)

六趣衆生身各別 (육취중생신각별)

及以衆寶微塵數 (급이중보미진수)

以智觀察悉無餘 (이지관찰실무여)

菩薩能知一切身 (보살능지일체신)

爲化衆生同彼形 (위화중생동피형)

國土無量種種別 (국토무량종종별)
悉爲現形無不徧 (실위현형무불변)
譬如日月住虛空 (비여일월주허공)
一切水中皆現影 (일체수중개현영)
住於法界無所動 (주어법계무소동)
隨心現影亦復然 (수심현영역부연)
隨其心樂各不同 (수기심요각부동)

一切衆中皆現身 (일체중중개현신)
聲聞獨覺與菩薩 (성문독각여보살)
及以佛身靡不現 (급이불신미불현)
衆生國土業報身 (중생국토업보신)
種種聖人智法身 (종종성인지법신)
虛空身相皆平等 (허공신상개평등)
普爲衆生而示作 (보위중생이시작)

十種聖智普觀察
십종성지보관찰

復順慈悲作衆業
부순자비작중업

所有佛法皆成就
소유불법개성취

持戒不動如須彌
지계부동여수미

十力成就不動搖
십력성취부동요

一切魔衆無能轉
일체마중무능전

諸佛護念天王禮
제불호념천왕례

密迹金剛恒侍衛 (밀적금강항시위)
此地功德無邊際 (차지공덕무변제)
千萬億劫說不盡 (천만억겁설부진)
復以供佛善益明 (부이공불선익명)
如王頂上莊嚴具 (여왕정상장엄구)
菩薩住此第八地 (보살주차제팔지)
多作梵王千界主 (다작범왕천계주)

演說三乘無有窮
연설삼승무유궁

慈光普照除衆惑
자광보조제중혹

一念所獲諸三昧
일념소획제삼매

百萬世界微塵等
백만세계미진등

諸所作事悉亦然
제소작사실역연

願力示現復過是
원력시현부과시

菩薩第八不動地
보살제팔부동지

我爲汝等已略說
아위여등이략설

若欲次第廣分別
약욕차제광분별

經於億劫不能盡
경어억겁불능진

說此菩薩八地時
설차보살팔지시

如來現大神通力
여래현대신통력

震動十方諸國土
진동시방제국토

無量億數難思議
무량억수난사의

一切知見無上尊 (일체지견무상존)

其身普放大光明 (기신보방대광명)

照耀彼諸無量土 (조요피제무량토)

悉使衆生獲安樂 (실사중생획안락)

菩薩無量百千億 (보살무량백천억)

俱時踊在虛空住 (구시용재허공주)

以過諸天上妙供 (이과제천상묘공)

사경의 공덕은 십만억 부처님께 공양한 것과 같은 공덕이 있습니다.

供養說中最勝者 (공양설중최승자)
大自在王自在天 (대자재왕자재천)
悉共同心喜無量 (실공동심희무량)
各以種種衆供具 (각이종종중공구)
供養甚深功德海 (공양심심공덕해)
復有天女千萬億 (부유천녀천만억)
身心歡喜悉充徧 (신심환희실충변)

사경의 공덕은 십만억 부처님께 공양한 것과 같은 공덕이 있습니다.

各奏樂音無量種
각주락음무량종

供養人中大導師
공양인중대도사

是時衆樂同時奏
시시중락동시주

百千萬億無量別
백천만억무량별

悉以善逝威神力
실이선서위신력

演出妙音而讚歎
연출묘음이찬탄

寂靜調柔無垢害
적정조유무구해

隨所入地善修習 (수소입지선수습)
心如虛空詣十方 (심여허공예시방)
廣說佛道悟群生 (광설불도오군생)
天上人間一切處 (천상인간일체처)
悉現無等妙莊嚴 (실현무등묘장엄)
以從如來功德生 (이종여래공덕생)
令其見者樂佛智 (영기견자락불지)

不離一刹詣衆土 (불리일찰예중토)
如月普現照世間 (여월보현조세간)
音聲心念悉皆滅 (음성심념실개멸)
譬猶谷響無不應 (비유곡향무불응)
若有衆生心下劣 (약유중생심하렬)
爲彼演說聲聞行 (위피연설성문행)
若心明利樂辟支 (약심명리요벽지)

則爲彼說中乘道
즉위피설중승도

若有慈悲樂饒益
약유자비락요익

爲說菩薩所行事
위설보살소행사

若有最勝智慧心
약유최승지혜심

則示如來無上法
즉시여래무상법

譬如幻師作衆事
비여환사작중사

種種形相皆非實
종종형상개비실

菩薩智幻亦如是
보살지환역여시

雖現一切離有無
수현일체리유무

如是美音千萬種
여시미음천만종

歌讚佛已默然住
가찬불이묵연주

解脫月言今衆淨
해탈월언금중정

願說九地所行道
원설구지소행도

爾時金剛藏菩薩告解脫
이시금강장보살고해탈

月(월)菩(보)薩(살)言(언)佛(불)子(자)菩(보)薩(살)摩(마)訶(하)薩(살)

以(이)如(여)是(시)無(무)量(량)智(지)思(사)量(량)觀(관)察(찰)欲(욕)

更(갱)求(구)轉(전)勝(승)寂(적)滅(멸)解(해)脫(탈)復(부)修(수)習(습)

如(여)來(래)智(지)慧(혜)入(입)如(여)來(래)祕(비)密(밀)法(법)觀(관)

察(찰)不(불)思(사)議(의)大(대)智(지)性(성)淨(정)諸(제)陀(다)羅(라)

尼(니)三(삼)昧(매)門(문)具(구)廣(광)大(대)神(신)通(통)入(입)差(차)

別(별)世(세)界(계)修(수)力(력)無(무)畏(외)不(불)共(공)法(법)隨(수)

諸佛轉法輪不捨大悲本願力得入菩薩第九善慧地佛子菩薩摩訶薩住此善慧地如實知善不善無記法行有漏無漏法行世間出世間法行思議不思議法行定不定法行聲聞獨覺法行菩

제불전법륜불사대비본원력득입보살제구선혜지불자보살마하살주차선혜지여실지선불선무기법행유루무루법행세간출세간법행사의불사의법행정부정법행성문독각법행보

사경의 공덕은 십만억 부처님께 공양한 것과 같은 공덕이 있습니다.

薩(살) 行(행) 法(법) 行(행) 如(여) 來(래) 地(지) 法(법) 行(행) 有(유) 爲(위)
法(법) 行(행) 無(무) 爲(위) 法(법) 行(행)
此(차) 菩(보) 薩(살) 以(이) 如(여) 是(시) 智(지) 慧(혜) 如(여) 實(실)
知(지) 衆(중) 生(생) 心(심) 稠(조) 林(림) 煩(번) 惱(뇌) 稠(조) 林(림) 業(업)
稠(조) 林(림) 根(근) 稠(조) 林(림) 解(해) 稠(조) 林(림) 性(성) 稠(조) 林(림)
樂(낙) 欲(욕) 稠(조) 林(림) 隨(수) 眠(면) 稠(조) 林(림) 受(수) 生(생) 稠(조)
林(림) 習(습) 氣(기) 相(상) 續(속) 稠(조) 林(림) 三(삼) 聚(취) 差(차) 別(별)

사경의 공덕은 십만억 부처님께 공양한 것과 같은 공덕이 있습니다.

稠(조)林(림)

此(차)菩(보)薩(살)如(여)實(실)知(지)衆(중)生(생)心(심)種(종)

種(종)相(상)所(소)謂(위)雜(잡)起(기)相(상)速(속)轉(전)相(상)壞(괴)

不(불)壞(괴)相(상)無(무)形(형)質(질)相(상)無(무)邊(변)際(제)相(상)

清(청)淨(정)相(상)垢(구)無(무)垢(구)相(상)縛(박)不(불)縛(박)相(상)

幻(환)所(소)作(작)相(상)隨(수)諸(제)趣(취)生(생)相(상)如(여)是(시)

百(백)千(천)萬(만)億(억)乃(내)至(지)無(무)量(량)皆(개)如(여)實(실)

사경의 공덕은 십만억 부처님께 공양한 것과 같은 공덕이 있습니다.

知(지)

又(우)知(지)諸(제)煩(번)惱(뇌)種(종)種(종)相(상)所(소)謂(위)

久(구)遠(원)隨(수)行(행)相(상)無(무)邊(변)引(인)起(기)相(상)俱(구)

生(생)不(불)捨(사)相(상)眠(면)起(기)一(일)義(의)相(상)與(여)心(심)

相(상)應(응)不(불)相(상)應(응)相(상)隨(수)趣(취)受(수)生(생)而(이)

住(주)相(상)三(삼)界(계)差(차)別(별)相(상)愛(애)見(견)癡(치)慢(만)

如(여)箭(전)深(심)入(입)過(과)患(환)相(상)三(삼)業(업)因(인)緣(연)

不絶相略說乃至八萬四千
부절상략설내지팔만사천

皆如實知
개여실지

又知諸業種種相所謂善
우지제업종종상소위선

不善無記相生有表示無表示
불선무기상생유표시무표시

相與心同不離相因自性
상여심동불리상인자성

剎那壞而次第集果不失相
찰나괴이차제집과불실상

有報無報相受黑黑等衆報
유보무보상수흑흑등중보

相如田無量相凡聖差別相
상여전무량상범성차별상

現受生受後受相乘非乘定
현수생수후수상승비승정

不定相略說乃至八萬四千
부정상략설내지팔만사천

皆如實知又知諸根軟中勝
개여실지우지제근연중승

相先際後際差別無差別相
상선제후제차별무차별상

上中下相煩惱俱生不相離
상중하상번뇌구생불상리

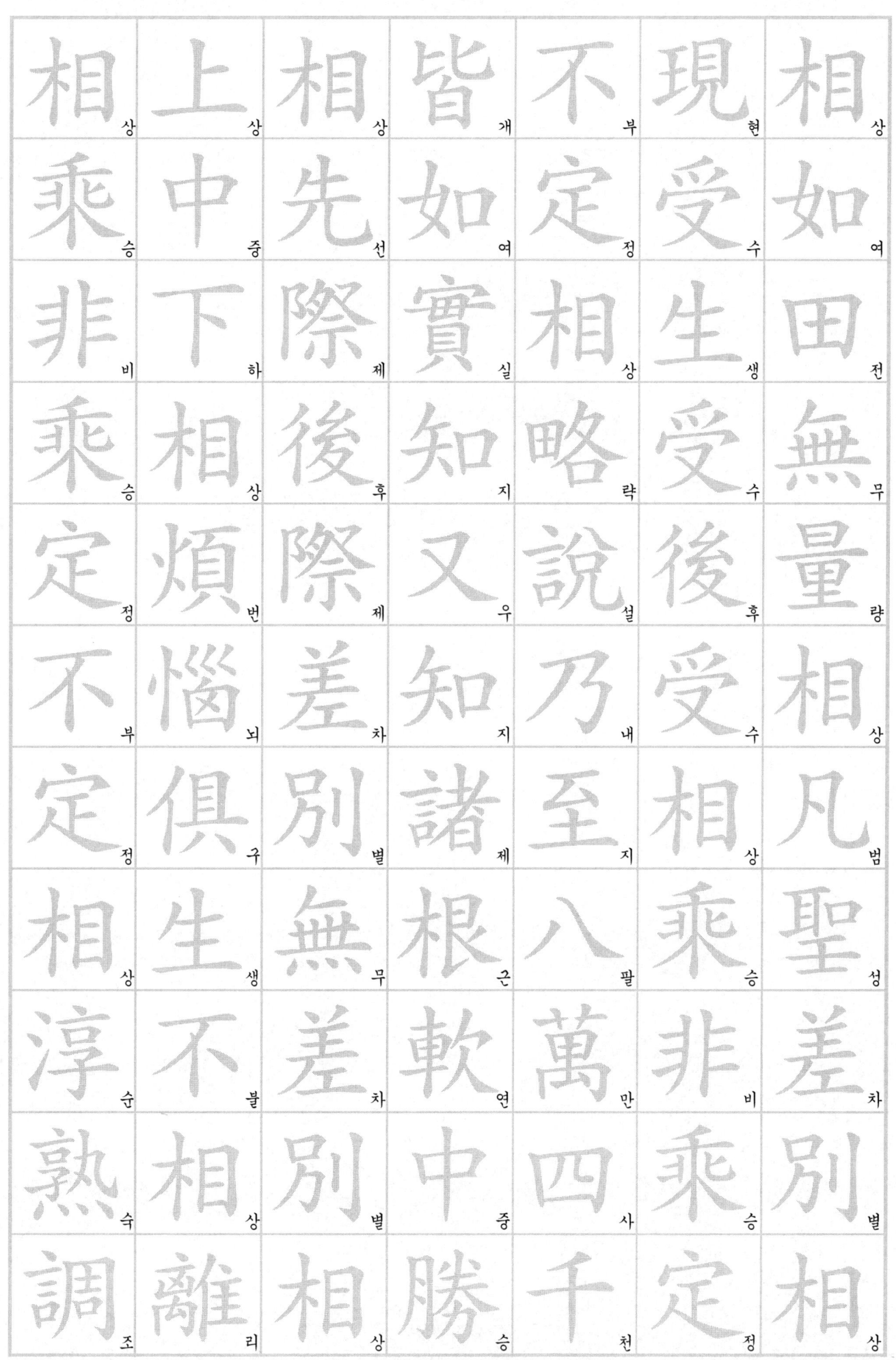

相乘非乘定不定相淳熟調
상승비승정부정상순숙조

柔(유)相(상)隨(수)根(근)網(망)輕(경)轉(전)壞(괴)相(상)增(증)上(상)
無(무)能(능)壞(괴)相(상)退(퇴)不(불)退(퇴)差(차)別(별)相(상)遠(원)
隨(수)共(공)生(생)不(부)同(동)相(상)略(략)說(설)乃(내)至(지)八(팔)
萬(만)四(사)千(천)皆(개)如(여)實(실)知(지)
又(우)知(지)諸(제)解(해)軟(연)中(중)相(상)諸(제)性(성)軟(연)
中(중)上(상)樂(낙)欲(욕)軟(연)中(중)相(상)皆(개)略(략)說(설)乃(내)
至(지)八(팔)萬(만)四(사)千(천)又(우)知(지)諸(제)隨(수)眠(면)種(종)

種(종)相(상)所(소)謂(위)與(여)深(심)心(심)共(공)生(생)相(상)與(여)
心(심)共(공)生(생)相(상)心(심)相(상)應(응)不(불)相(상)應(응)差(차)
別(별)相(상)久(구)遠(원)隨(수)行(행)相(상)無(무)始(시)不(불)拔(발)
相(상)與(여)一(일)切(체)禪(선)定(정)解(해)脫(탈)三(삼)昧(매)三(삼)
摩(마)鉢(발)底(저)神(신)通(통)相(상)違(위)相(상)三(삼)界(계)相(상)
續(속)受(수)生(생)繫(계)縛(박)相(상)令(령)無(무)邊(변)心(심)相(상)
續(속)現(현)起(기)相(상)開(개)諸(제)處(처)門(문)相(상)堅(견)實(실)

後 후	水 수	有 유	趣 취	種 종	唯 유	難 난
有 유	潤 윤	想 상	差 차	種 종	以 이	治 치
芽 아	無 무	無 무	別 별	相 상	聖 성	相 상
相 상	明 명	想 상	相 상	所 소	道 도	地 지
名 명	暗 암	差 차	有 유	謂 위	拔 발	處 처
色 색	覆 부	別 별	色 색	隨 수	出 출	成 성
俱 구	識 식	相 상	無 무	業 업	相 상	就 취
生 생	爲 위	業 업	色 색	受 수	又 우	不 불
不 불	種 종	爲 위	差 차	生 생	知 지	成 성
相 상	子 자	田 전	別 별	相 상	受 수	就 취
離 리	生 생	愛 애	相 상	六 육	生 생	相 상

相(상)癡(치)愛(애)希(희)求(구)續(속)有(유)相(상)欲(욕)受(수)欲(욕)

生(생)無(무)始(시)樂(락)著(착)相(상)妄(망)謂(위)出(출)三(삼)界(계)

貪(탐)求(구)相(상)

又(우)知(지)習(습)氣(기)種(종)種(종)相(상)所(소)謂(위)行(행)

不(불)行(행)差(차)別(별)相(상)隨(수)趣(취)熏(훈)習(습)相(상)隨(수)

衆(중)生(생)行(행)熏(훈)習(습)相(상)隨(수)業(업)煩(번)惱(뇌)熏(훈)

習(습)相(상)善(선)不(불)善(선)無(무)記(기)熏(훈)習(습)相(상)隨(수)

入(입) 後(후) 有(유) 熏(훈) 習(습) 相(상) 次(차) 第(제) 熏(훈) 習(습) 相(상)
不(부) 斷(단) 煩(번) 惱(뇌) 遠(원) 行(행) 不(불) 捨(사) 熏(훈) 習(습) 相(상)
實(실) 非(비) 實(실) 熏(훈) 習(습) 相(상) 見(견) 聞(문) 親(친) 近(근) 聲(성)
聞(문) 獨(독) 覺(각) 菩(보) 薩(살) 如(여) 來(래) 熏(훈) 習(습) 相(상)
又(우) 知(지) 衆(중) 生(생) 正(정) 定(정) 邪(사) 定(정) 不(부) 定(정)
相(상) 所(소) 謂(위) 正(정) 見(견) 正(정) 定(정) 相(상) 邪(사) 見(견) 邪(사)
定(정) 相(상) 二(이) 俱(구) 不(부) 定(정) 相(상) 五(오) 逆(역) 邪(사) 定(정)

相五根正定相二俱不定相
八邪邪定相正性正定相更
不作二俱離不定相染著邪
法邪定相習行聖道正定相
二俱捨不定相佛子菩薩隨
順如是智慧名住善慧地
住此地已了知衆生諸行

縛 박	諸 제	隨 수	地 지	法 법	子 자	差 차
諸 제	聚 취	衆 중	法 법	獨 독	此 차	別 별
業 업	差 차	生 생	一 일	覺 각	菩 보	教 교
習 습	別 별	根 근	切 체	乘 승	薩 살	化 화
氣 기	亦 역	性 성	行 행	法 법	善 선	調 조
而 이	隨 수	欲 욕	處 처	菩 보	能 능	伏 복
爲 위	受 수	解 해	智 지	薩 살	演 연	令 령
說 설	生 생	所 소	隨 수	乘 승	說 설	得 득
法 법	煩 번	行 행	行 행	法 법	聲 성	解 해
令 령	惱 뇌	有 유	故 고	如 여	聞 문	脫 탈
生 생	眠 면	異 이	能 능	來 래	乘 승	佛 불

信解增益智慧各於其乘而
得解脫
佛子菩薩住此善慧地作
大法師具法師行善能守護
如來法藏以無量善巧智起
四無礙辯用菩薩言辭而演
說法此菩薩常隨四無礙智

說 설	錯 착	智 지	無 무	智 지	法 법	轉 전
復 부	謬 류	知 지	礙 애	樂 요	無 무	無 무
次 차	說 설	諸 제	智 지	說 설	礙 애	暫 잠
以 이	樂 요	法 법	知 지	無 무	智 지	捨 사
法 법	說 설	別 별	諸 제	礙 애	義 의	離 리
無 무	無 무	相 상	法 법	智 지	無 무	何 하
礙 애	礙 애	辭 사	自 자	此 차	礙 애	等 등
智 지	智 지	無 무	相 상	菩 보	智 지	爲 위
知 지	無 무	礙 애	義 의	薩 살	辭 사	四 사
諸 제	斷 단	智 지	無 무	以 이	無 무	所 소
法 법	盡 진	無 무	礙 애	法 법	礙 애	謂 위

智 지	知 지	智 지	可 가	說 설	辭 사	自 자
於 어	過 과	知 지	壞 괴	樂 요	無 무	性 성
去 거	去 거	現 현	無 무	說 설	礙 애	義 의
來 래	未 미	在 재	邊 변	無 무	智 지	無 무
今 금	來 래	法 법	說 설	礙 애	安 안	礙 애
法 법	法 법	差 차	復 부	智 지	立 립	智 지
無 무	差 차	別 별	次 차	隨 수	一 일	知 지
錯 착	別 별	義 의	以 이	所 소	切 체	諸 제
謬 류	辭 사	無 무	法 법	安 안	法 법	法 법
說 설	無 무	礙 애	無 무	立 립	不 부	生 생
樂 요	礙 애	智 지	礙 애	不 불	斷 단	滅 멸

說無礙智於一一世無邊法
明了說
復次以法無礙智知法差
別義無礙智知義差別辭無
礙智隨其言音說樂說無礙
智隨其心樂說復次法無礙
智以法智知差別不異義無

사경의 공덕은 십만억 부처님께 공양한 것과 같은 공덕이 있습니다.

礙智以比智知差別如實辭
애지이비지지차별여실사

無礙智以世智差別說樂說
무애지이세지차별설요설

無礙智以第一義智善巧說
무애지이제일의지선교설

復次法無礙智知諸法一
부차법무애지지제법일

相不壞義無礙智知蘊界處
상불괴의무애지지온계처

諦緣起善巧辭無礙智以一
체연기선교사무애지이일

切世間易解了美妙音聲文
체세간이해료미묘음성문

字자 說설 樂요 說설 無무 礙애 智지 以이 轉전 勝승 無무
邊변 法법 明명 說설 復부 次차 法법 無무 礙애 智지 知지
一일 乘승 平평 等등 性성 義의 無무 礙애 智지 知지 諸제
乘승 差차 別별 性성 辭사 無무 礙애 智지 說설 一일 切체
乘승 無무 差차 別별 樂요 說설 無무 礙애 智지 說설 一일
一일 乘승 無무 邊변 法법 復부 次차 法법 無무 礙애 智지
知지 一일 切체 菩보 薩살 行행 智지 行행 法법 行행 智지

隨(수)證(증)義(의)無(무)礙(애)智(지)知(지)十(십)地(지)地(지)分(분)位(위)
義(의)差(차)別(별)辭(사)無(무)礙(애)智(지)說(설)地(지)道(도)無(무)
差(차)別(별)相(상)樂(요)說(설)無(무)礙(애)智(지)說(설)一(일)一(일)
地(지)無(무)邊(변)行(행)相(상)
復(부)次(차)法(법)無(무)礙(애)智(지)知(지)一(일)切(체)如(여)
來(래)一(일)念(념)成(성)正(정)覺(각)義(의)無(무)礙(애)智(지)知(지)
種(종)種(종)時(시)種(종)種(종)處(처)等(등)各(각)差(차)別(별)辭(사)

知 지	輪 륜	法 법	切 체	說 설	無 무	無 무
如 여	一 일	大 대	如 여	不 부	礙 애	礙 애
來 래	切 체	慈 자	來 래	盡 진	智 지	智 지
隨 수	智 지	大 대	語 어	復 부	於 어	說 설
八 팔	智 지	悲 비	力 역	次 차	一 일	成 성
萬 만	隨 수	辯 변	無 무	法 법	一 일	正 정
四 사	證 증	才 재	所 소	無 무	句 구	覺 각
千 천	義 의	方 방	畏 외	礙 애	法 법	差 차
衆 중	無 무	便 편	不 불	智 지	無 무	別 별
生 생	礙 애	轉 전	共 공	知 지	量 량	樂 요
心 심	智 지	法 법	佛 불	一 일	劫 겁	說 설

行根解差別音聲辭無礙智
행근해차별음성사무애지

隨一切衆生行以如來音聲
수일체중생행이여래음성

差別說樂說無礙智隨衆生
차별설요설무애지수중생

信解以如來智淸淨行圓滿
신해이여래지청정행원만

說
설

佛子菩薩住第九地得如
불자보살주제구지득여

是善巧無礙智得如來妙法
시선교무애지득여래묘법

사경의 공덕은 십만억 부처님께 공양한 것과 같은 공덕이 있습니다.

尼 니	尼 니	無 무	威 위	尼 니	陀 다	藏 장
門 문	如 여	邊 변	德 덕	善 선	羅 라	作 작
皆 개	是 시	際 제	陀 다	慧 혜	尼 니	大 대
得 득	等 등	陀 다	羅 라	陀 다	智 지	法 법
圓 원	百 백	羅 라	尼 니	羅 라	陀 다	師 사
滿 만	萬 만	尼 니	無 무	尼 니	羅 라	得 득
以 이	阿 아	種 종	礙 애	衆 중	尼 니	義 의
百 백	僧 승	種 종	門 문	財 재	光 광	陀 다
萬 만	祇 기	義 의	陀 다	陀 다	照 조	羅 라
阿 아	陀 다	陀 다	羅 라	羅 라	陀 다	尼 니
僧 승	羅 라	羅 라	尼 니	尼 니	羅 라	法 법

祇(기) 善(선) 巧(교) 音(음) 聲(성) 辯(변) 才(재) 門(문) 而(이) 演(연) 說(설)

法(법)

此(차) 菩(보) 薩(살) 得(득) 如(여) 是(시) 百(백) 萬(만) 阿(아) 僧(승)

祇(기) 陀(다) 羅(라) 尼(니) 門(문) 已(이) 於(어) 無(무) 量(량) 佛(불) 所(소)

一(일) 一(일) 佛(불) 前(전) 悉(실) 以(이) 如(여) 是(시) 百(백) 萬(만) 阿(아)

僧(승) 祇(기) 陀(다) 羅(라) 尼(니) 門(문) 聽(청) 聞(문) 正(정) 法(법) 聞(문)

已(이) 不(불) 忘(망) 以(이) 無(무) 量(량) 差(차) 別(별) 門(문) 爲(위) 他(타)

演說
연설

此菩薩初見於佛頭頂禮
차보살초견어불두정례

敬卽於佛所得無量法門此
경즉어불소득무량법문차

所得法門非彼聞持諸大聲
소득법문비피문지제대성

聞於百千劫所能領受此菩
문어백천겁소능령수차보

薩得如是陀羅尼如是無礙
살득여시다라니여시무애

智坐於法座而說於法大千
지좌어법좌이설어법대천

사경의 공덕은 십만억 부처님께 공양한 것과 같은 공덕이 있습니다.

世界滿中衆生隨其心樂差
세계만중중생수기심락차

別爲說唯除諸佛及受職菩
별위설유제제불급수직보

薩其餘衆會威德光明無能
살기여중회위덕광명무능

與比
여비

此菩薩處於法座欲以一
차보살처어법좌욕이일

音令諸大衆皆得解了卽得
음령제대중개득해료즉득

解了或時欲以種種音聲令
해료혹시욕이종종음성령

欲 욕	皆 개	千 천	法 법	欲 욕	放 방	諸 제
發 발	悉 실	世 세	音 음	於 어	大 대	大 대
一 일	演 연	界 계	或 혹	其 기	光 광	衆 중
言 언	出 출	所 소	時 시	身 신	明 명	皆 개
音 음	妙 묘	有 유	心 심	上 상	演 연	得 득
周 주	法 법	一 일	欲 욕	一 일	說 설	開 개
徧 변	言 언	切 체	乃 내	一 일	法 법	悟 오
法 법	音 음	形 형	至 지	毛 모	門 문	或 혹
界 계	或 혹	無 무	三 삼	孔 공	或 혹	時 시
悉 실	時 시	形 형	千 천	皆 개	時 시	心 심
令 령	心 심	物 물	大 대	演 연	心 심	欲 욕

令 령	音 음	心 심	詠 영	一 일	作 작	解 해
不 불	差 차	欲 욕	一 일	切 체	法 법	了 료
可 가	別 별	於 어	切 체	世 세	音 음	或 혹
說 설	皆 개	一 일	樂 악	界 계	恒 항	時 시
無 무	悉 실	字 자	聲 성	簫 소	住 주	心 심
量 량	具 구	中 중	皆 개	笛 적	不 불	欲 욕
世 세	足 족	一 일	演 연	鐘 종	滅 멸	一 일
界 계	或 혹	切 체	法 법	鼓 고	或 혹	切 체
地 지	時 시	法 법	音 음	及 급	時 시	言 언
水 수	心 심	句 구	或 혹	以 이	心 심	音 음
火 화	欲 욕	言 언	時 시	歌 가	欲 욕	皆 개

風四大聚中所有微塵一一
풍사대취중소유미진일일

塵中皆悉演出不可說法門
진중개실연출불가설법문

如是所念一切隨心無不得
여시소념일체수심무부득

者
자

佛子此菩薩假使三千大
불자차보살가사삼천대

千世界所有衆生咸至其前
천세계소유중생함지기전

一一皆以無量言音而興問
일일개이무량언음이흥문

사경의 공덕은 십만억 부처님께 공양한 것과 같은 공덕이 있습니다.

難一一問難各各不同菩薩
난일일문난각각부동보살

於一念頃悉能領受仍以一
어일념경실능령수잉이일

音普爲解釋令隨心樂各得
음보위해석령수심락각득

歡喜如是乃至不可說世界
환희여시내지불가설세계

所有衆生一刹那間一一皆
소유중생일찰나간일일개

以無量言音而興問難一一
이무량언음이흥문난일일

問難各各不同菩薩於一念
문난각각부동보살어일념

頃悉能領受亦以一音普爲
경실능령수역이일음보위

解釋各隨心樂令得歡喜乃
해석각수심락령득환희내

至不可說不可說世界滿中
지불가설불가설세계만중

衆生菩薩皆能隨其心樂隨
중생보살개능수기심락수

根隨解而爲說法承佛神力
근수해이위설법승불신력

廣作佛事爲一切作所依
광작불사위일체작소의

怙
호

佛(불)子(자)此(차)菩(보)薩(살)復(부)更(갱)精(정)進(진)成(성)
就(취)智(지)明(명)假(가)使(사)一(일)毛(모)端(단)處(처)有(유)不(불)
可(가)說(설)世(세)界(계)微(미)塵(진)數(수)諸(제)佛(불)眾(중)會(회)
一(일)一(일)眾(중)會(회)有(유)不(불)可(가)說(설)世(세)界(계)微(미)
塵(진)數(수)眾(중)生(생)一(일)一(일)眾(중)生(생)有(유)不(불)可(가)
說(설)世(세)界(계)微(미)塵(진)數(수)性(성)欲(욕)彼(피)諸(제)佛(불)
隨(수)其(기)性(성)欲(욕)各(각)與(여)法(법)門(문)如(여)一(일)毛(모)

脫 탈	親 친	專 전	佛 불	一 일	如 여	端 단
常 상	近 근	勤 근	子 자	念 념	是 시	處 처
在 재	如 여	更 갱	菩 보	中 중	所 소	一 일
三 삼	來 래	無 무	薩 살	悉 실	說 설	切 체
昧 매	入 입	餘 여	住 주	能 능	無 무	法 법
恒 항	諸 제	念 념	此 차	領 령	量 량	界 계
見 견	菩 보	唯 유	第 제	受 수	法 법	處 처
諸 제	薩 살	入 입	九 구	無 무	門 문	悉 실
佛 불	甚 심	佛 불	地 지	有 유	菩 보	亦 역
未 미	深 심	境 경	晝 주	忘 망	薩 살	如 여
曾 증	解 해	界 계	夜 야	失 실	於 어	是 시

師 사	轉 전	難 난	承 승	百 백	量 량	捨 사
用 용	更 갱	得 득	事 사	千 천	百 백	離 리
作 작	明 명	說 설	供 공	億 억	佛 불	一 일
寶 보	淨 정	法 법	養 양	那 나	無 무	一 일
冠 관	譬 비	陀 다	於 어	由 유	量 량	劫 겁
轉 전	如 여	羅 라	諸 제	他 타	千 천	中 중
輪 륜	眞 진	尼 니	佛 불	佛 불	佛 불	見 견
聖 성	金 금	所 소	所 소	恭 공	乃 내	無 무
王 왕	善 선	有 유	種 종	敬 경	至 지	量 량
以 이	巧 교	善 선	種 종	尊 존	無 무	佛 불
嚴 엄	金 금	根 근	問 문	重 중	量 량	無 무

其(기)首(수)四(사)天(천)下(하)內(내)一(일)切(체)小(소)王(왕)及(급)
諸(제)臣(신)民(민)諸(제)莊(장)嚴(엄)具(구)無(무)與(여)等(등)者(자)
此(차)第(제)九(구)地(지)菩(보)薩(살)善(선)根(근)亦(역)復(부)如(여)
是(시)一(일)切(체)聲(성)聞(문)辟(벽)支(지)佛(불)及(급)下(하)地(지)
菩(보)薩(살)所(소)有(유)善(선)根(근)無(무)能(능)與(여)等(등)
佛(불)子(자)譬(비)如(여)二(이)千(천)世(세)界(계)主(주)大(대)
梵(범)天(천)王(왕)身(신)出(출)光(광)明(명)二(이)千(천)界(계)中(중)

分 분	波 바	波 바	惱 뇌	如 여	暗 암	幽 유
佛 불	羅 라	羅 라	黑 흑	是 시	此 차	遠 원
子 자	蜜 밀	蜜 밀	暗 암	能 능	地 지	之 지
是 시	非 비	中 중	皆 개	出 출	菩 보	處 처
名 명	不 불	力 역	令 령	光 광	薩 살	悉 실
略 략	修 수	波 바	息 식	明 명	所 소	能 능
說 설	行 행	羅 라	滅 멸	照 조	有 유	照 조
菩 보	但 단	蜜 밀	此 차	衆 중	善 선	耀 요
薩 살	隨 수	最 최	菩 보	生 생	根 근	除 제
摩 마	力 력	勝 승	薩 살	心 심	亦 역	其 기
訶 하	隨 수	餘 여	十 십	煩 번	復 부	黑 흑

薩第九善慧地若廣說者於
살제구선혜지약광설자어

無量劫亦不能盡
무량겁역불능진

佛子菩薩摩訶薩住此地
불자보살마하살주차지

多作二千世界主大梵天王
다작이천세계주대범천왕

善能統理自在饒益能爲一
선능통리자재요익능위일

切聲聞緣覺及諸菩薩分別
체성문연각급제보살분별

演說波羅蜜行隨衆生心所
연설바라밀행수중생심소

사경의 공덕은 십만억 부처님께 공양한 것과 같은 공덕이 있습니다.

有問難無能屈者布施愛語
유문난무능굴자보시애어

利行同事如是一切諸所作
리행동사여시일체제소작

業皆不離念佛乃至不離念
업개불리념불내지불리념

一切種一切智智復作是念
일체종일체지지부작시념

我當於一切衆生中爲首爲
아당어일체중생중위수위

勝乃至爲一切智智依止者
승내지위일체지지의지자

此菩薩若發勤精進於一念
차보살약발근정진어일념

頃得百萬阿僧祇國土微塵
경득백만아승기국토미진

數三昧乃至示現百萬阿僧
수삼매내지시현백만아승

祇國土微塵數菩薩以爲眷
기국토미진수보살이위권

屬若以菩薩殊勝願力自在
속약이보살수승원력자재

示現過於此數乃至百千億
시현과어차수내지백천억

那由他劫不能數知
나유타겁불능수지

爾時金剛藏菩薩欲重宣
이시금강장보살욕중선

其義而說頌曰

無量智力善觀察
最上微妙世難知
普入如來秘密處
利益衆生入九地
總持三昧皆自在
獲大神通入衆刹

若 약	思 사	有 유	了 요	住 주	願 원	力 역
法 법	不 불	漏 루	善 선	於 어	力 력	智 지
決 결	思 사	無 무	不 불	此 차	悲 비	無 무
定 정	議 의	漏 루	善 선	地 지	心 심	畏 외
不 불	悉 실	世 세	及 급	持 지	入 입	不 불
決 결	善 선	出 출	無 무	法 법	九 구	共 공
定 정	知 지	世 세	記 기	藏 장	地 지	法 법

三乘所作悉觀察
삼승소작실관찰

有爲無爲行差別
유위무위행차별

如是而知入世間
여시이지입세간

若欲知諸衆生心
약욕지제중생심

則能以智如實知
즉능이지여실지

種種速轉壞非壞
종종속전괴비괴

無質無邊等衆相
무질무변등중상

煩惱無邊恒共伴
번뇌무변항공반

眠起一義續諸趣
면기일의속제취

業性種種各差別
업성종종각차별

因壞果集皆能了
인괴과집개능료

諸根種種下中上
제근종종하중상

先後際等無量別
선후제등무량별

解性樂欲亦復然
해성락욕역부연

八萬四千靡不知 (팔만사천미부지)
衆生惑見恒隨縛 (중생혹견항수박)
無始稠林未除翦 (무시조림미제전)
與志共俱心並生 (여지공구심병생)
常相羈繫不斷絕 (상상기계부단절)
但唯妄想非實物 (단유망상비실물)
不離於心無處所 (불리어심무처소)

禪定境排仍退轉
선정경배잉퇴전

金剛道滅方畢竟
금강도멸방필경

六趣受生各差別
육취수생각차별

業田愛潤無明覆
업전애윤무명복

識爲種子名色芽
식위종자명색아

三界無始恒相續
삼계무시항상속

惑業心習生諸趣
혹업심습생제취

若離於此不復生
약리어차불부생

衆生悉在三聚中
중생실재삼취중

或溺於見或行道
혹닉어견혹행도

住於此地善觀察
주어차지선관찰

隨其心樂及根解
수기심락급근해

悉以無礙妙辯才
실이무애묘변재

如其所應差別說
여기소응차별설

處於法座如師子
처어법좌여사자

亦如牛王寶山王
역여우왕보산왕

又如龍王布密雲
우여룡왕포밀운

霔甘露雨充大海
주감로우충대해

善知法性及奧義
선지법성급오의

隨順言辭能辯說
수순언사능변설

總持百萬阿僧祇
총지백만아승기

譬如大海受衆雨 (비여대해수중우)
總持三昧皆清淨 (총지삼매개청정)
能於一念見多佛 (능어일념견다불)
一一佛所皆聞法 (일일불소개문법)
復以妙音而演暢 (부이묘음이연창)
若欲三千大千界 (약욕삼천대천계)
敎化一切諸群生 (교화일체제군생)

如(여)雲(운)廣(광)布(포)無(무)不(불)及(급)
隨(수)其(기)根(근)欲(욕)悉(실)令(령)喜(희)
毛(모)端(단)佛(불)衆(중)無(무)有(유)數(수)
衆(중)生(생)心(심)樂(락)亦(역)無(무)極(극)
悉(실)應(응)其(기)心(심)與(여)法(법)門(문)
一(일)切(체)法(법)界(계)皆(개)如(여)是(시)
菩(보)薩(살)勤(근)加(가)精(정)進(진)力(력)

復부 獲획 功공 德덕 轉전 增증 勝승
聞문 持지 爾이 所소 諸제 法법 門문
如여 地지 能능 持지 一일 切체 種종
十시 方방 無무 量량 諸제 衆중 生생
咸함 來래 親친 近근 會회 中중 坐좌
一일 念념 隨수 心심 各각 問문 難난
一일 音음 普보 對대 悉실 充충 足족

住於此地爲法王 (주어차지위법왕)

隨機誨誘無厭倦 (수기회유무염권)

日夜見佛未曾捨 (일야견불미증사)

入深寂滅智解脫 (입심적멸지해탈)

供養諸佛善益明 (공양제불선익명)

如王頂上妙寶冠 (여왕정상묘보관)

復使衆生煩惱滅 (부사중생번뇌멸)

譬如梵王光普照 비여범왕광보조
住此多作大梵王 주차다작대범왕
以三乘法化衆生 이삼승법화중생
所行善業普饒益 소행선업보요익
乃至當成一切智 내지당성일체지
一念所入諸三昧 일념소입제삼매
阿僧祇刹微塵數 아승기찰미진수

見佛說法亦復然
견불설법역부연

願力所作復過此
원력소작부과차

此是第九善慧地
차시제구선혜지

大智菩薩所行處
대지보살소행처

甚深微妙難可見
심심미묘난가견

我爲佛子已宣說
아위불자이선설

發 願 文

귀의 삼보하옵고

거룩하신 부처님께 발원하옵나이다.

주 소 : ______________________

전 화 : ______________ 불명 : ______ 성명 : ______

불기 25 ______ 년 ______ 월 ______ 일